Vivre en Harmonie

Un discours prononcé par

Sri Mata Amritanandamayi

au Sommet du Millénaire des Dirigeants Religieux et Spirituels pour la Paix dans le Monde
Assemblée Générale des Nations Unies
29 août 2000

Mata Amritanandamayi Center
San Ramon, CA 94583, États-Unis

Vivre en harmonie
Un discours prononcé par
Sri Mata Amritanandamayi au Sommet du Millénaire des
Dirigeants Religieux et Spirituels—Assemblée Générale
des Nations Unies, 29 août 2000

Publié par :
Mata Amritanandamayi Center
P.O. Box 613
San Ramon, CA 94583
États-Unis

———— —*Living in Harmony (French)* ————

En France :
www.ammafrance.org

En Inde :
inform@amritapuri.org
www.amritapuri.org

Table des Matières

Aum Amriteshwaryai Namah

Préface

Trois jours durant, la joie, la sagesse et l'expérience partagées dans un regain d'optimisme, ont dominé la rencontre des chefs spirituels de plus de 150 pays dans le grand hall de l'ONU.

Au moment où la paix mondiale ne semble rien de plus qu'un beau rêve, cette rencontre des chefs religieux et spirituels du monde a apporté un rayon d'espoir à ceux qui aiment la paix, où qu'ils vivent.

Comme pour une réunion de famille, les cœurs des participants étaient remplis d'amour et d'enthousiasme ; et c'était en effet une réunion de la famille universelle. Le début du programme fut marqué par le son de la conque, les tambours Taiko et des prières très émouvantes, créant une atmosphère vibrante de spiritualité, telle que l'Assemblée générale des Nations Unies n'en avait jamais connu auparavant.

Et, si les langues étaient différentes, c'étaient les mêmes sentiments, intenses et profonds, qui s'exprimaient.

Le premier jour, comme Amma se dirigeait vers la scène, le coordinateur principal du

sommet, M. Bawa Jain, l'accueillit en disant :
« Nous sommes extrêmement heureux de vous
accueillir, Mère. Voulez-vous bien nous bénir de
vos prières ? »

Amma a dit : « Prière signifie humilité. La
paix est une expérience qui remplit tous les aspects de notre vie lorsque nous nous prosternons
avec humilité devant l'ensemble de la création. »
Et c'est dans cet esprit qu'Amma a offert deux
prières sanscrites bien connues.

Il est facile de prononcer des mots, mais seul
un être éveillé comme Amma est capable de
transmettre le sens de ces paroles d'une manière
qui pénètre dans les couches profondes de la
conscience. Sa prière changea véritablement
l'atmosphère : transmettant et éveillant les
sentiments tendres et apaisants de l'amour et
de la paix, sa voix se répandit dans le hall de
l'Assemblée Générale des Nations Unies comme
une brise fraîche et douce.

Le lendemain, c'est devant une salle pleine
qu'Amma prononça son discours. Debout sur le
podium, derrière un pupitre portant l'emblème
des Nations Unies, Amma, la Mère pleine de
compassion de tous les êtres, parla dans un
malayalam simple et clair.

Elle suscita beaucoup de rires en racontant l'histoire des trois chefs religieux qui décident de tenir une conférence, et les délégués se levèrent plusieurs fois pour lui faire une ovation. Ils applaudirent tout particulièrement lorsqu'elle fit référence aux armements : « Il ne suffit pas de mettre toutes les armes nucléaires au musée pour établir la paix dans le monde. Il faut d'abord éliminer les armes nucléaires de l'esprit. »

De bien des façons, son discours fut unique, exprimant, par sa substance même, la lumière de la pure expérience spirituelle. La voix de la paix, de l'amour et de l'harmonie suprêmes parlait des qualités mêmes qu'elle incarne, donnant à son message un caractère particulièrement poignant et une grande signification.

Interviewée au cours du sommet par la BBC, PBS et d'autres médias, Amma a mis l'accent sur la nécessité d'un forum des chefs des tendances religieuses et spirituelles qui discuterait, formulerait et mettrait en œuvre des solutions spirituelles aux conflits qui existent dans la société. Elle déclara : « Les solutions existent déjà dans les textes religieux, sous la forme de visions et de révélations spirituelles. Nos ancêtres, les grands saints et sages qui avaient atteint le sommet de l'existence humaine (c'est-à-dire l'éveil, n.d.t.) nous ont donné beaucoup de conseils sur la manière de mener une vie paisible et harmonieuse. La véritable question, c'est de savoir si nous sommes prêts à les mettre en pratique. »

Il y eut un moment magique, lorsqu'un journaliste lui demanda ce qu'elle ferait si elle pouvait gouverner le monde. Elle répondit : « Je me ferais balayeuse. » et ajouta en riant, pour le journaliste interloqué : « Je balayerais l'esprit de tous jusqu'à ce qu'il soit propre ! »

Dispersant les ténèbres qui enveloppent l'âme humaine, conduisant les humains vers la lumière de la grâce et de la beauté de Dieu, Amma, celle qui aime toute la création de manière irrésistible, préfère se décrire comme une humble balayeuse du mental humain, plutôt que comme le guide spirituel qu'elle est.

Il est au-delà de ma capacité de décrire Amma et la sagesse qu'elle nous transmet. Saisi d'un respect sacré comme je le suis toujours, je ne peux que me prosterner émerveillé devant le phénomène incompréhensible appelé Amma.

– Swami Amritaswarupananda

Introduction

Dag Hammarskjöld, qui fut l'un des premiers Secrétaires généraux des Nations Unies, a dit un jour : « Nous avons essayé d'établir la paix sur cette terre et nous avons lamentablement échoué. A moins qu'il ne se produise une renaissance spirituelle, ce monde ne connaîtra pas la paix. »

Au début du nouveau millénaire, les Nations Unies, pour la première fois depuis que cette organisation existe, c'est-à-dire depuis 55 ans, avaient invité des chefs religieux et spirituels de confessions diverses, venus du monde entier, à se réunir et à forger une alliance avec les Nations Unies. Le but du sommet était de déterminer les moyens par lesquels les communautés religieuses et spirituelles du monde entier pourraient travailler en tant qu'alliés interconfessionnels des Nations Unies à des initiatives sur les problèmes de la paix, de la pauvreté et de l'environnement. Le sommet se déroula du 28 au 31 août 2000, dans le hall de l'assemblée générale des Nations Unies et à l'hôtel Waldorf Astoria.

Le 28 août fut déclaré jour de prière pour la paix mondiale. Le secrétaire général du sommet, Bawa Jain, déclara : « Nous demandons au gens dans le monde entier, à n'importe quel moment de la journée, de se rassembler dans leurs lieux de prière, de travail, ou bien dans leur maison ou dans la rue, et de se joindre aux chefs religieux qui viennent aux Nations Unies et se réunissent afin de prier pour la paix. »

Environ deux mille représentants des traditions religieuses et spirituelles du monde ont participé à cette conférence. Parmi eux, trente ont prononcé des discours sur les thèmes-clés du sommet. Officiellement, Amma était une des voix de l'Hindouisme, mais son message était universel.

Le premier jour, les délégués et les dignitaires devaient se réunir, concentrer leur attention sur les problèmes donnés et invoquer pour la réunion la présence et la bénédiction du Divin. Une fois que les délégués eurent pris place dans le hall, Amma et les autres porte-paroles entrèrent silencieusement, en file indienne, comme pour une marche méditative. Ils s'assirent et soudain, les tambours retentissants du Taiko mirent une fin abrupte au silence.

Cette juxtaposition du silence et de sons puissants semblait une métaphore de la conférence, qui réunissait des gens aux convictions et aux expériences différentes, issus de milieux et de cultures variés, formant souvent un contraste saisissant. Ils étaient venus là pour nourrir de cette diversité une nouvelle communauté mondiale, harmonieuse, fondée sur un engagement commun pour la paix. C'est exactement le thème qu'Amma allait aborder le lendemain dans son discours en disant :

« Nation » et « religion », ces mots impliquent en eux-mêmes la division et la diversité. Chaque nation et chaque foi a ses propres caractéristiques, ses idéologies, ses intérêts. Cette diversité peut apparaître comme une source d'obstacles lorsqu'il s'agit d'assurer la paix, le bonheur et la prospérité dans le monde. En réalité, c'est elle qui constitue la richesse et la beauté du monde et de la vie humaine, comme un bouquet composé de fleurs variées est plus beau que si elles étaient toutes identiques. »

Dans la note écrite qu'il avait rédigée pour accueillir les participants, Bawa Jain reprenait le même thème : l'unité dans la diversité. « Lors de cette conférence, nous allons explorer ensemble la manière dont nos institutions religieuses et politiques peuvent travailler ensemble à établir une paix plus grande, à restaurer l'intégrité de l'environnement et à mettre fin au désespoir de la pauvreté. »

Il n'est pas toujours facile aux institutions politiques et religieuses de travailler comme partenaires ; cette conférence invitait leurs membres à collaborer, en faisant confiance à leur engagement partagé pour améliorer le sort de l'humanité.

Après les tambours Taiko et les autres cérémonies d'ouverture, M. Jain accueillit les délégués, puis invita certains chefs respectés des différentes traditions religieuses et spirituelles à offrir des prières. Il appela Amma d'une manière qui alliait la familiarité d'un fils avec le plus grand respect : « Mère, nous béniras-tu de tes prières ? »

Certes, officiellement, Amma figure sur les programmes sous le nom de «Sri Sri Mata Amritanandamayi Devi, chef spirituel hindou.» Mais lors de cette importante occasion, il fut impossible de cacher la vérité, c'est-à-dire sa relation intime avec le monde. Au nom des nations du monde, le secrétaire général du sommet, étant comme chacun d'entre nous un enfant du Divin, dit : « Mère, nous béniras-tu ? »

Une intimité se crée avec Amma partout où elle va, dans la hutte d'un simple villageois au Kérala, chez le Premier Ministre de l'Inde ou bien aux Nations-Unies, encouragée par son allure même, par sa simplicité désarmante, son humilité si gracieuse et l'amour évident qu'elle porte à tous les êtres.

Amma a chanté deux prières pour le monde ; ces prières sont connues de tous les Hindous, elles sont chantées chaque jour dans tous les ashrams d'Amma et expriment l'essence de l'objectif de ce sommet pour la paix marquant le début du nouveau millénaire. Swami Amritaswarupananda en donna tout d'abord la traduction en anglais, puis Amma les chanta en sanscrit.

«Guide-nous de l'illusion à la Vérité, des ténèbres vers la lumière et de la mort à l'immor-talité.

Puissent tous les êtres dans tous les mondes être heureux . Om, paix, paix, paix »

Ceux d'entre nous qui étaient avec elle au moment de la naissance de ce nouveau millénaire, à minuit le 31 décembre 1999 dans le temple d'Amritapuri, se rappellent comment Amma, suivie de toute la communauté, chanta ce dernier mantra pendant près d'une demi-heure et comment, au moment où la cloche sonnait minuit, Elle entra en samadhi. Le soir du nouvel an, Amma a chanté dans l'intimité de l'ashram ; mais cette fois elle a répété la même prière en présence des chefs religieux et spirituels du monde, dans le hall des Nations Unies.

La seconde journée incluait des moments de prière et de musique, mais elle était essentiellement consacrée à des discours.

Le secrétaire général de Nations Unies, Kofi A. Annan, prononça le discours inaugural, suivi par le président du groupe de conseil international pour la conférence, Dr. Maurice Strong, qui parla sur le thème : « La religion, la paix et les Nations Unies. » Vint ensuite l'allocution du Dr. Ted Turner, président honoraire du sommet et vice-président de Time Warner Incorporated, qui donna le ton. Le style informel de Mr. Turner captiva l'auditoire. Il raconta de manière simple et directe les événements qui l'avaient aidé à développer sa conception personnelle de l'ouverture spirituelle. Les réactions de l'auditoire montraient clairement que ses expériences touchaient chez beaucoup d'auditeurs une corde familière et que son attitude fondamentale, le soutien du dialogue et de la tolérance religieuse, était partagée.

C'est pendant la séance consacrée au « rôle de la religion dans la transformation des conflits » qu'Amma prit la parole. Pour la première fois dans l'histoire de l'assemblée des Nations Unies, la langue malayalam s'y fit entendre. Le discours était traduit simultanément en anglais, en français, en chinois et en plusieurs autres langues, et les délégués pouvaient le suivre en utilisant les casques. L'allocution d'Amma fut saluée à la fin par un tonnerre d'applaudissements.

Pour ceux qui n'avaient pas la possibilité bénie de se trouver dans le hall des Nations Unies en ce jour propice, nous publions ce livre, afin qu'ils puissent lire eux-mêmes ce que Mata Amritanandamayi a communiqué aux délégués du sommet… et au monde.

Quelques jours plus tard, à son retour en Inde, elle fut accueillie à l'aéroport de Cochin par une grande foule et par plusieurs journalistes.

Sur la route, entre l'aéroport et Amritapuri, elle fut fêtée par des milliers de personnes, tandis que sa voiture avançait au pas sur la chaussée pleine de gens enthousiastes. Dans les villages, sur la route côtière qui mène à l'ashram, tous les foyers, sans distinction de religion ou de caste, honorèrent Amma de la manière traditionnelle : en allumant une lampe à huile devant la maison, en brûlant de l'encens et en offrant du camphre allumé. Beaucoup lui offrirent des guirlandes et lui lancèrent des pétales de fleurs. Des ovations et le bruit des pétards annonçaient son approche. Il lui fallut quatre heures pour parcourir les sept derniers kilomètres ; elle prit le temps de distribuer du prasad à tous. L'enthousiasme et la joie de la foule reflétaient leur fierté : un Mahatma (une grande âme) qui était une des leurs, venait de présenter au monde la gloire de leur antique culture.

Om
asatoma sat gamaya
tamasoma jyotir gamaya
mrityorma amritam gamaya
Om shanti shanti shanti

Guide-nous de l'illusion à la vérité
des ténèbres vers la lumière
et de la mort à l'immortalité.
Om paix paix paix

Om
lokah samastah sukhino bhavantu
lokah samastah sukhino bhavantu
lokah samastah sukhino bhavantu
Om shanti shanti shanti

Puissent tous les êtres
dans tous les mondes être heureux.
Om paix paix paix

Vivre en Harmonie

Un discours prononcé par

Sri Mata Amritanandamayi

au Sommet du Millénaire des Dirigeants Religieux et Spirituels pour la Paix dans le Monde
Assemblée Générale des Nations Unies
29 août 2000

Vivre en Harmonie

*Le rôle de la religion dans
la transformation des conflits*

Amma s'incline devant vous tous ici présents,
dont la véritable nature est l'amour et le Soi
suprême.

Nous sommes entrés dans le nouveau millénaire en nourrissant de grands espoirs, dans
l'attente de changements. Mais si les chiffres
de l'année sont différents, nous n'avons vu se

produire aucun changement essentiel. Car c'est à l'intérieur de nous que la véritable transformation doit se produire. Nous ne pourrons en effet jouer un rôle réellement constructif dans l'établissement de la paix qu'après avoir éliminé les conflits et les tendances négatives que nous portons en nous. Leur but étant la paix, les Nations Unies accomplissent, pour rassembler les nations et créer la paix et l'harmonie, des efforts inestimables qui méritent d'être sincèrement loués. Amma s'incline avec respect devant vos efforts enthousiasmants et sincères.

D'innombrables millénaires se sont écoulés depuis l'aube de l'humanité. Ce fut un long voyage, en quête de la prospérité, de la paix et du bonheur. Nous avons accompli des progrès remarquables. C'est la responsabilité de chacun de nous de rendre ce nouveau millénaire plus riche et plus épanouissant que les précédents.

Notre but ne devrait pas se limiter à rendre le monde florissant et prospère sur un plan matériel, mais à œuvrer pour un monde qui se distingue par la paix, la coopération, l'unité et la compassion envers tous les êtres vivants. Il est également nécessaire que le monde entier progresse au niveau culturel, moral et spirituel.

Il existe aujourd'hui des centaines de nations et de croyances. Les mots « nation » et « religion » impliquent en eux-mêmes la division et la diversité. Chaque nation et chaque religion a ses propres caractéristiques, ses idéologies, ses intérêts. Cette diversité peut apparaître comme une source d'obstacles lorsqu'il s'agit d'assurer la paix, le bonheur et la prospérité dans le monde. En réalité, c'est elle qui constitue la richesse et la beauté du monde et de la vie humaine, comme un bouquet composé de fleurs variées est plus beau qu'un bouquet de fleurs toutes identiques.

Nul ne peut nier la diversité qui règne dans le monde, car elle est sa nature même. Si nous accédons à un niveau d'intelligence plus profond et mettons en pratique dans notre vie les valeurs humaines les plus nobles, nous verrons que la beauté du monde réside dans cette variété même.

Au cours des âges, nous avons appris de nombreuses leçons, grâce à une multitude d'expériences, mais nous avons aussi échoué dans bien des domaines. Pour ne parler que du siècle dernier, nous avons connu deux guerres mondiales, qui ont coûté la vie à des millions d'hommes, de femmes et d'enfants, et nous avons encore récemment assisté à des tragédies tout aussi horribles. La possibilité d'une guerre nucléaire menace toujours le monde. L'extension du terrorisme est un sujet d'inquiétude au niveau mondial. Les persécutions religieuses et ethniques continuent à affliger l'humanité. L'accroissement de la violence chez les jeunes, la drogue, la maltraitance des enfants etc. constituent d'autres sources d'inquiétude. Dans nos villes, d'innombrables personnes meurent chaque jour, victimes de violences inutiles. Il nous faut en outre trouver des solutions pratiques aux problèmes de la famine, de la pauvreté, de la maladie, de la pollution de l'environnement et de l'exploitation excessive de la nature.

Nous vivons à une époque où la science et la communication moderne ont rassemblé le monde en une petite communauté, réduisant les barrières du temps et de l'espace. On peut aujourd'hui parcourir le monde dans le même temps qu'il aurait fallu autrefois pour traverser sa province ou son pays natal. Les derniers développements dans le domaine des télécommunications nous permettent d'être informés instantanément des événements qui se déroulent dans n'importe quelle partie du monde. Ce qui arrive à un endroit du globe affecte la planète entière, dans une mesure plus ou moins importante. Pourtant, si la technologie a rapproché les pays, elle n'a pas rapproché les coeurs. En vérité, c'est plutôt la division entre les gens qui semble croître. Les membres d'une même famille, par exemple, bien que proches physiquement, vivent souvent comme des îles que rien ne relie. La connaissance et la puissance acquises par les êtres humains nous ont rendus plus solitaires, plus égoïstes, semant ainsi les graines du conflit.

Les sociétés et les nations sont constituées d'individus. Si nous jetons un regard en arrière, examinant notre histoire, nous voyons que toutes les luttes ont leur source à l'intérieur de l'individu. Et quelle est la cause de ce conflit intérieur ? C'est le manque de conscience de notre nature réelle, de la puissance vivante en nous, qui est une et dont nous faisons tous partie. Le rôle de la spiritualité, de la religion authentique, est d'éveiller en nous cette conscience et de nous aider à développer des vertus telles que l'amour, la sympathie, la tolérance, la patience et l'humilité.

C'est une seule et même Vérité qui se manifeste à travers l'ensemble de la création. Les rivières et les montagnes, les plantes et les animaux, le soleil, la lune et les étoiles, vous et moi – ne sont que différentes expressions de cette unique Réalité. De nombreux êtres ont marché sur cette terre pour qui cette vérité était une expérience, et de nombreux autres encore viendront. La science moderne, elle aussi, s'approche peu à peu de cette vérité.

Si la paix mondiale doit devenir une réalité, il faut d'abord que la paix et l'harmonie règnent dans le cœur de chaque individu. Il faut éveiller en nous l'amour de l'humanité. L'amour et l'unité ne sont pas étrangers à la nature humaine, ce sont au contraire nos instincts fondamentaux, le fondement même de notre existence.

Le monde est une famille

Le monde est une famille dont nous sommes tous les membres. La paix et l'unité dominent dans un foyer lorsque les individus remplissent leurs devoirs et leurs responsabilités en ayant conscience que chaque membre de la famille est une partie intégrante du tout. La paix et le bonheur ne règneront de nouveau dans le monde que si nous travaillons ensemble, comme une famille mondiale, sans nous limiter à une ethnie, à une religion ou à une nation particulière.

Au cours de mes voyages autour du monde, les gens viennent me dire leurs souffrances. Hindous, Chrétiens, Musulmans – je rencontre des hommes et des femmes de toutes les religions et de tous les pays. Certaines personnes m'ont confié qu'elles avaient perdu leur mari, leur femme ou leur enfant lors d'un affrontement religieux. Il s'agissait d'une lutte entre Hindous et Musulmans, parfois entre Hindous et Chrétiens ou bien entre Chrétiens et Musulmans, ou bien d'autres groupes religieux ou pays y étaient impliqués. Il est si douloureux d'entendre de tels récits. Les gens n'approfondissent pas leur religion et ne parviennent pas à en assimiler les principes essentiels, c'est là l'origine de toutes ces luttes.

Il était une fois deux nations, situées sur les deux rives d'un lac, dont les populations étaient traditionnellement ennemies. Il y eut un jour un orage imprévu, et quelques bateaux chavirèrent. Un homme nageait pour atteindre la rive quand il en vit un autre qui était en train de se noyer. Il l'aida et réussit à le sauver. Ayant atteint la rive, ils furent tous deux si soulagés qu'ils s'étreignirent. Puis ils se mirent à parler. Ils découvrirent bientôt qu'ils appartenaient aux deux nations ennemies et aussitôt, la haine jaillit en eux. Celui qui avait sauvé l'autre cria : « Si j'avais su que tu étais mon ennemi, je t'aurais laissé te noyer ! » Tant que cet homme ignorait la nationalité de l'autre, il n'avait conscience que de leur nature humaine commune. Son sentiment instinctif de fraternité et de compassion était si fort qu'il risqua sa propre vie pour sauver l'autre. Pendant un moment, il s'est comporté d'abord et avant tout comme un être humain, appliquant les valeurs humaines fondamentales, les valeurs les plus nobles. Ses autres liens n'avaient plus qu'une importance secondaire. Nous sommes tous au fond des êtres humains, les membres d'une même famille planétaire. Notre appartenance à une religion ou à un pays ne vient qu'ensuite. En aucune circonstance, nos liens avec une religion, une culture ou un pays ne devraient nous faire oublier les valeurs humaines essentielles.

Nul n'est une île solitaire ; nous sommes tous des maillons de la grande chaîne de la vie.

Que nous en soyons conscients ou non, chacun de nos actes a un effet sur les autres. Les ondes de joie et de chagrin, les pensées, bonnes ou mauvaises, émanant de chaque être vivant imprègnent l'ensemble de l'univers et influencent chacun de nous. Le cosmos entier vit dans un état de dépendance et de soutien mutuel. Vivre en accord avec ce principe de l'harmonie universelle, c'est ce que l'on appelle le dharma. La douleur de tout être vivant en ce monde est la nôtre et son bonheur est aussi le nôtre. Il nous est impossible de faire du mal, même à une petite fourmi, sans nous faire du mal. Nuire aux autres, c'est se nuire à soi-même ; aider les autres, c'est s'aider soi-même.

Un homme est assis, la nuit, devant sa maison, une bougie allumée à côté de lui. Un coup de vent éteint soudain la chandelle. C'est alors seulement que ses yeux s'ouvrent à la beauté de la pleine lune, souriante, et du clair de lune rafraîchissant. Le vent ne saurait éteindre le clair de lune. Ainsi, lorsque nous renonçons à notre égoïsme, la béatitude que nous recevons en échange est immense et éternelle.

Nous devons nous efforcer d'atteindre un état dans lequel nous serons capables de considérer tous les êtres du monde, animés ou inanimés, comme faisant partie de nous-mêmes. Tout comme notre main droite vient à l'aide de notre main gauche si celle-ci est blessée, nous devrions éveiller en nous la faculté de ressentir la souffrance de tous les êtres comme nôtre et le désir brûlant de les réconforter.

Les êtres humains sont dotés de natures et de tempéraments différents. Leurs idées et leurs désirs ne concordent pas toujours ; ils sont souvent en désaccord. Mais nous ne disposons que d'une seule planète Terre pour tous, c'est donc là qu'il nous faut résoudre nos dissensions. Nous sommes aujourd'hui capables de détruire ce point bleu, appelé Terre, qui orne le front de Mère Univers. Mais nous avons aussi la possibilité de créer le paradis sur terre. L'avenir de l'humanité dépend de notre choix.

Assimiler l'essence des religions

Le but de toutes les religions est le même : la purification du cœur humain. Vaincre notre égoïsme, aimer et servir nos frères humains, s'élever au niveau de la conscience universelle, ces objectifs sont communs à toutes les religions. L'essence de la religion est d'encourager l'épanouissement de ces valeurs humaines et d'éveiller chez les gens la conscience de leur divinité innée.

Les fondateurs de toutes les religions sont parvenus à la réalisation des idéaux les plus nobles et les ont mis en pratique dans leur vie. Mais leurs disciples ont souvent échoué à suivre leur exemple. Au lieu de nous concentrer sur les principes religieux de l'amour et de la compassion, nous accordons la primauté aux rituels extérieurs et aux traditions, qui varient selon les religions. C'est ainsi que ces religions, qui à l'origine, visaient à apporter la paix et à éveiller le sens de l'unité, ont servi à répandre la guerre et les conflits. Il ne s'agit pas de nier l'importance des disciplines et des traditions religieuses. Elles ont en effet leur rôle à jouer. Elles sont nécessaires à notre développement spirituel. Mais n'oublions jamais que ces traditions constituent le moyen d'atteindre le but, non le but lui-même.

Imaginez que quelqu'un emprunte un bateau pour traverser une rivière. Une fois sur l'autre rive, il lui faut quitter le bateau et continuer son chemin. Si cette personne s'accroche au bateau, elle n'avancera pas. Ainsi, il nous faut mettre l'accent sur le but de la spiritualité, sans nous attacher exagérément aux moyens. C'est sur l'essence de la religion que les chefs religieux doivent insister et inciter les fidèles à pratiquer les idéaux qu'elle contient. Cela contribuera à résoudre les conflits. N'oublions pas que la religion est faite pour l'humanité, non l'humanité pour la religion.

De nombreuses pratiques religieuses répondent aux besoins de l'époque qui les a vues naître. Tout en nous préoccupant des problèmes de l'époque moderne, soyons prêts à réexaminer ces pratiques et à opérer des changements en accord avec les temps que nous vivons. Aucun chef religieux, aucun saint n'a jamais dit qu'il ne fallait offrir l'amour et la tolérance qu'aux fidèles de notre propre religion. Ce sont des valeurs universelles. Le monde n'a pas besoin aujourd'hui de propagande religieuse ; il s'agit en revanche d'aider les gens à assimiler l'essence de leur religion.

Une ère nouvelle d'harmonie entre les religions

La noblesse d'une culture se mesure à son degré de tolérance, à l'ouverture d'esprit dont elle fait preuve envers les groupes d'opinions divergentes. C'est à cette lumière qu'il nous faut approcher les problèmes d'aujourd'hui, en prenant en compte toute la complexité du réel. Oublions les faux pas et les échecs du passé. En cette ère de coopération globale, tous les groupes religieux devraient être prêts à répondre aux besoins de notre époque. Renonçons donc aux moyens violents, périmés, pour entrer dans une ère nouvelle d'entraide et de coopération.

Diagnostiquer les terrains conflictuels

Les chefs religieux du monde devraient participer à des discussions sincères, à cœur ouvert, fondées sur la compréhension des buts essentiels de la religion. Nous réduirons ainsi les malentendus et gagnerons en compréhension sur les sources majeures de conflit. Si nous voulons résoudre des questions aussi complexes et controversées que la liberté religieuse, la conversion et le fanatisme, les chefs religieux doivent se réunir et dialoguer à cœur ouvert pour arriver à des solutions pratiques et acceptables par tous.

Quoi qu'il en soit, pour que de telles discussions s'avèrent fructueuses, il nous faut d'abord planter en nous-mêmes les graines de l'amour, de la paix et de la patience. Seuls ceux qui sont établis dans la paix intérieure peuvent donner la paix aux autres. Tant que nous ne nous sommes pas délivrés de la haine et de l'hostilité que nous portons en nous, tous nos efforts pour parvenir à une paix durable échoueront forcément car ils seront entachés par nos préférences et par nos aversions personnelles.

Les chefs de trois religions, A.B.C. décidèrent d'organiser une réunion pour établir la paix. Dieu, ravi de leurs efforts, leur envoya un ange. Celui-ci leur demanda ce qu'ils désiraient ; le chef de la religion A. déclara : « La religion B. est la source de tous les problèmes. Je t'en prie, raye-la de la surface de la terre ! » Le dirigeant de la religion B. dit : « C'est la religion A. qui est à l'origine de toutes nos difficultés. Il faut la réduire en cendres ! » Quelle déception pour l'ange ! Il se tourna avec espoir vers le troisième participant. D'une mine grave et humble, celui-ci dit : « Je n'ai aucun désir personnel. Il me suffit que tu exauces le désir de mes deux collègues ! »

Cette histoire est une parodie des efforts contemporains pour la paix. Même quand les gens se sourient, la haine et la méfiance règnent en eux. La paix est essentielle pour nous tous. Or la paix, ce n'est pas seulement l'absence de guerres et de conflits ; cela va bien au-delà : c'est l'esprit d'harmonie à l'intérieur de nous. La paix doit se cultiver à l'intérieur de l'individu, de la famille et de la société. Pour instaurer la paix dans le monde, il ne suffit pas de mettre les armes nucléaires de tous les pays au musée. Il est nécessaire d'éliminer au préalable les armes nucléaires du mental. C'est le rôle des religions.

Cultiver la tolérance et guérir les blessures laissées par les conflits

Le signe distinctif de la civilisation, c'est l'ouverture d'esprit qui permet d'accepter des vues divergentes et des gens différents. Nous devrions être capables de considérer tous les problèmes avec cette attitude et d'accepter toutes les différences. Oubliant les échecs et les erreurs du passé, que les chefs et les délégués religieux de notre époque donnent au monde un exemple nouveau par leur ouverture d'esprit, leur compréhension mutuelle et leur coopération. Ce dont le monde a besoin avant tout, c'est d'exemples vivants. Les chefs religieux devraient être les premiers à résoudre les conflits religieux et à rétablir la paix dans leurs sphères respectives d'influence. Ils devraient aussi s'engager et jouer un rôle constructif pour apporter le réconfort et l'aide nécessaire à ceux qui sont victimes de l'oppression. Dans la société mondiale, civilisée, d'aujourd'hui, les intérêts religieux ne devraient pas être propagés par des méthodes injustes. Le but historique des religions n'est pas d'édifier des murs qui divisent la société, mais d'unir les gens avec le fil de l'amour universel.

La liberté religieuse

Surmontant la méfiance et la violence, le moment est venu de saluer la naissance d'une ère nouvelle de paix et d'amitié. Le monde civilisé reconnaît à chacun le droit de suivre et de pratiquer la religion de son choix. Partout dans le monde, il existe des majorités et des minorités religieuses. Les chefs religieux devraient encourager l'égalité des droits de toutes les religions. Nous devons essayer de nous assurer que les droits fondamentaux des minorités religieuses et ethniques sont garantis.

Le problème de la conversion

Le droit de partager les enseignements de sa religion avec d'autres est en général considéré comme une part intégrante de la liberté religieuse. Quoi qu'il en soit, des conflits naissent lorsque différents groupes religieux désireux de répandre leur foi et de convertir autrui entrent en compétition. De telles luttes sont aujourd'hui responsables de l'anéantissement de nombreuses familles et de nombreuses cultures. Face à cela, les chefs religieux devraient se réunir et formuler des directives acceptables par les adeptes des différentes religions.

Toutes les grandes religions ont une beauté et une sagesse infinies à offrir au monde. Il nous appartient d'offrir aux gens partout dans le monde, et tout spécialement aux jeunes, la possibilité de découvrir non seulement leur propre religion, mais aussi les autres, et d'apprécier la noblesse de leurs idéaux. Au lieu d'essayer d'augmenter le nombre de leurs adeptes, elles devraient s'efforcer de créer un environnement dans lequel il soit possible d'accepter avec sagesse les nobles idéaux de n'importe laquelle d'entre elles. Allons au-delà des conversions religieuses et travaillons à éliminer l'étroitesse d'esprit et la division. Un des mantras contenus dans les Ecritures du Sanatana Dharma (connu sous le nom d'Hindouisme) déclare : « Puissent les nobles pensées, les nobles idéaux, nous venir de partout. » Que cela soit la devise des religions pour le nouveau millénaire.

L'extrémisme

Le fanatisme et le terrorisme qui en découle sont deux des problèmes les plus sérieux auxquels le monde moderne est confronté. L'extrémisme religieux naît d'une mauvaise compréhension des buts fondamentaux de la religion et de l'exploitation du sentiment religieux. Il appartient aux chefs religieux de décourager des activités qui mettent en danger les valeurs humaines et de créer un mouvement conscient d'opposition à ces actes déplorables.

La transformation intérieure
la clé de la véritable paix

La clé de la paix mondiale se trouve en chaque individu demeurant sur cette planète. L'harmonie d'un foyer repose sur chacun de ses membres ; de même, chacun de nous porte une part de responsabilité dans l'établissement de la paix mondiale. L'amour et l'unité ne sont pas étrangers à la nature humaine ; ils en sont le fondement même.

Il est nécessaire de pourvoir à nos besoins matériels tels que nourriture, vêtements, abri et soins médicaux. Mais cela ne suffit pas. Il nous faut aller beaucoup plus profond. Les individus et le monde dans son ensemble doivent parvenir à une paix et à un bonheur durables.

La religion est la science de l'esprit, dont elle permet de comprendre la nature. Nous sommes aujourd'hui capables de climatiser le monde extérieur, mais il nous faut encore apprendre à climatiser l'esprit. Nous essayons de cloner des êtres humains au lieu de nous efforcer de forger en nous des êtres humains parfaits, aimants et sereins. Ce processus de purification est un des rôles importants de la religion.

Nous avons maintenant pris conscience qu'il est nécessaire de protéger notre environnement, et c'est bien évidemment un besoin essentiel. Mais nous ne nous préoccupons guère de la pollution que les pensées et les actions négatives créent dans l'atmosphère et dans la conscience de l'humanité. La pollution intérieure du mental est par bien des aspects plus dangereuse que la pollution chimique, car elle a le pouvoir de détruire l'humanité à tout moment. Il est donc primordial de purifier notre environnement mental.

Il n'est possible de transformer la société de façon durable et positive qu'en corrigeant le mental humain. Après avoir détruit de l'intérieur les impuretés telles que l'égoïsme, la jalousie, la haine et la colère, la religion allume la lampe de l'amour dans le cœur de l'Homme. Le devoir de la religion est d'inculquer aux gens des vertus, de modeler leur caractère et de remplir leur esprit d'amour et de sollicitude pour leurs frères humains.

Des principes spirituels
dans l'éducation

Le monde de demain sera façonné par les enfants d'aujourd'hui. Leur esprit est encore malléable, il est aisé d'y implanter les valeurs humaines universelles. Il suffit de marcher quelques fois au milieu d'une prairie d'herbe verte et tendre pour créer un sentier, alors qu'il faut des allées et venues innombrables pour tracer une piste dans le roc à flanc de montagne. L'enseignement de valeurs humaines et de principes spirituels universels devrait faire partie officiellement de l'éducation générale et non être laissé à la seule responsabilité de la famille. C'est une tâche qui doit être accomplie sans délai, car si nous tardons, le monde perdra les générations à venir.

Les innombrables jeunes qui se sentent mal aimés, exclus, frustrés, constituent un grand sujet d'inquiétude. Ils sont élevés aujourd'hui dans une société qui leur enseigne à penser : « Que puis-je obte- nir ? » au lieu de penser : « Que puis-je donner au monde ? » On leur enseigne au travers des médias que la violence est un moyen légitime de mettre fin à un conflit, quelqu'il soit. Sans personne pour les guider de façon adéquate, sans modèle à suivre, nombreux sont ceux qui se tournent vers la drogue pour échapper aux défis de la vie. Cela détruit leur esprit encore tendre, comme des vers qui infestent une tendre fleur en bouton. Lançons un appel aux médias et aux institutions éducatives afin qu'elles fassent usage de leur influence pour transformer la jeunesse d'aujourd'hui, entraînée dans de mauvais chemins, et façonnent des êtres humains pacifiques, rayonnants de gentillesse et de bonté.

Les inégalités économiques

Il nous est impossible de négliger les besoins fondamentaux des gens, car tant qu'ils ne sont pas satisfaits, il leur est impossible d'aspirer à des niveaux supérieurs de conscience et de compréhension. Que des milliers de personnes meurent de faim ou souffrent de la misère, dans quelque partie du monde que ce soit, c'est un sujet de honte pour toutes les nations. En se fondant sur la notion de famille universelle, toutes les nations et tous les individus qui le peuvent devraient partager leurs richesses et leurs ressources matérielles. Les ressources que la Terre nous donne sont suffisantes pour permettre à tous les êtres vivants de survivre, mais non pour satisfaire l'avidité de quelques-uns.

Les chefs religieux devraient s'unir aux nations, aux gouvernements et aux organisations non-gouvernementales pour aider les malheureux. La compassion envers le prochain est le premier pas de la spiritualité. Dieu n'est pas confiné en un lieu particulier, Il est partout, Il demeure en tous les êtres, animés et inanimés. Il nous appartient de Le vénérer aussi sous la forme du malade et du pauvre. Sa nature est pure compassion. Aider une âme négligée, nourrir les pauvres, offrir un sourire plein de compassion à ceux qui sont tristes et abattus, c'est le véritable langage de la religion. C'est dans notre cœur et dans nos mains que nous devrions invoquer la compassion de Dieu. C'est ainsi seulement que nous pourrons connaître une joie profonde et la plénitude. Vivre uniquement pour soi-même, ce n'est pas la vie, mais la mort.

Le devoir des nations

Le monde est pareil à une fleur, dont chaque nation constitue un pétale. Un pétale est infecté, et les autres sont bientôt atteints, la vie et la beauté de la fleur détruites.

Les nations devraient comprendre cette vérité, agir et poser les fondations d'un nouvel âge d'or, marqué par l'entraide et la coexistence. Les vertus telles que l'amour, la sympathie et la générosité ne sont pas réservées aux individus. Elle devraient devenir l'emblème de chaque nation et l'âme de la société.

Nous sommes sortis de l'époque sombre où l'on croyait que la guerre et la colonisation étaient le devoir des souverains. Toutes les nations, et particulièrement des organisations telles que les Nations Unies, agissent en vue de protéger les droits de l'homme, de décourager l'oppression et la dictature dans tous les domaines. Que les Nations Unies étendent leurs activités aux domaines supérieurs de la conscience humaine. L'harmonie entre les nations n'est possible qu'en élevant le niveau de conscience des individus. Gardant cela à l'esprit, les Nations Unies devraient encourager l'extension de la culture spirituelle et la culture des valeurs humaines.

Aucun effort n'est vain

Certains diront peut-être que le monde restera le même, quels que soient nos efforts pour le transformer, et qu'il est aussi vain de travailler à la paix que de vouloir redresser la queue recourbée d'un chien. Nous aurons beau essayer, la queue reprendra aussitôt sa forme primitive. Mais grâce à cet effort constant, même si la queue ne se redresse pas, nos muscles se développent. Ainsi, peu importe qu'ils soient ou non couronnés de succès, nos efforts en vue d'instaurer la paix dans le monde nous rendrons meilleurs, et même si un changement visible ne se produit pas, cette évolution individuelle finira par susciter une transformation dans le monde. En outre, s'il existe une certaine harmonie dans le monde actuel, elle est le fruit de tels efforts.

Il est inutile de ruminer le passé. Le passé est comme un chèque annulé : il n'a plus aucune valeur. Pour créer un avenir heureux, vu toutes les souffrances et toutes les destructions que nous nous sommes infligés dans le passé, il faut que nous soyons prêts à pardonner ; ceci est fondamental pour toutes les religions. Cependant, pour éviter de récidiver, il nous faut tirer les leçons de nos erreurs passées. Si nous nous rentrons une épine dans le pied, nous faisons ensuite attention à chaque pas ; cette vigilance nous évitera peut-être ensuite de tomber dans un puits dangereux. C'est ainsi qu'il nous faut considérer les expériences douloureuses du passé. Ceux qui, dans le passé, ont infligé des souffrances à autrui, qu'ils se consacrent maintenant à aider les victimes qu'ils ont opprimées ; ces principes sont valables aussi bien pour les gouvernements que pour les individus. Que chaque nation contribue à créer un climat de pardon, d'ouverture, d'amitié, de confiance, d'aide et de soutien afin de guérir les anciennes blessures. Pour cicatriser, les relations brisées doivent être recousues avec le fil de l'amour. Pour cela, la conscience de notre unité est plus importante que le savoir intellectuel.

Que les nations et les religions qui se sont combattues dans le passé agissent pour développer un climat de bonne volonté, de confiance et de soutien mutuel. Les nations qui, dans le passé, ont envahi ou exploité d'autres pays ou d'autres religions devraient offrir de l'aide aux nations victimes. La paix mondiale naît de la confiance mutuelle. Pour que celle-ci se développe, une atmosphère d'amitié et de coopération est indispensable.

Beaucoup plus que de paroles, nous avons besoin d'actes. Il ne suffit pas d'écrire sur un bout de papier : « Il faut nourrir les affamés » pour apaiser leur faim. Intéressons-nous à ce que nous pouvons donner aux autres, non à ce que nous pouvons obtenir d'eux. C'est la seule manière d'effectuer une transformation totale de notre famille mondiale.

Voici quelques points unanimement reconnus comme des problèmes et sur lesquels les Nations Unies devraient concentrer leurs efforts.

ॐ Dans la création de Dieu, hommes et femmes sont égaux. Mais au fil des siècles, la triste condition de la femme ne s'est guère améliorée. Les femmes donnent naissance à l'humanité ; il faut leur assurer un rôle égal à celui des hommes dans la société.

ॐ Des millions de personnes souffrent du SIDA, qui continue à se propager comme un incendie. Il faut en maîtriser l'expansion.

ॐ Les Nations Unies devraient s'efforcer d'assurer la liberté religieuse, d'encourager les pratiques spirituelles et de répandre les valeurs humaines, dans le but de former des individus à l'esprit ouvert et de résoudre les conflits.

ॐ Les Nations Unies pourraient prendre en main la transformation d'un monde lourd de conflits en un monde où règne la paix, en formant un groupe de jeunes au service de la communauté. Ces jeunes émissaires, servant de manière désintéressée, inspireront les gens, les incitant à cultiver des valeurs spirituelles et humaines universelles. Ce qui ne peut être accompli en versant le sang peut l'être grâce à l'amour.

ॐ Le terrorisme et la violence envers des êtres humains au nom d'une religion quelle qu'elle soit, devraient être condamnés au niveau international et des mesures efficaces devraient être prises.

ॐ Il faut réduire l'exploitation excessive de la nature. Il est nécessaire d'adopter un point de vue entièrement nouveau et d'adopter une politique prévoyante, qui respecte et prenne en compte les besoins et les aspirations des générations à venir.

Le progrès matériel à lui seul n'apportera pas la paix et la prospérité au monde. Nous avons besoin aujourd'hui d'un progrès incluant tous les domaines de la vie. Il n'y a de progrès et d'expansion qu'enracinés dans l'amour du prochain et dans le sens du devoir envers lui, eux-mêmes issus d'une vision du monde spirituelle. Ce progrès et cette expansion doivent prendre place chez l'individu et dans l'ensemble de la société. Nous venons de dépasser l'ère de la science. Il est temps d'inaugurer une ère nouvelle, l'ère de l'amour et de la spiritualité.

Il est possible de prendre conscience de l'unité fondamentale de l'humanité tout en continuant d'appartenir à des religions, des sociétés, des ethnies, des cultures et des nations différentes. En réalité, c'est à cela que nous sommes appelés. Car, quelle que soit notre religion, si nous en intégrons l'essence dans notre propre vie, nous nous ouvrons spontanément et la conscience de la réalité divine unique qui brille en tous les êtres vivants s'éveille en nous. L'égoïsme disparaît, notre vie devient une offrande au monde. Dans cet état libre de tout intérêt personnel, la béatitude emplit notre cœur et déborde pour atteindre tous les êtres humains.

En définitive, l'amour est le seul remède qui puisse guérir les blessures du monde. L'amour est le lien qui relie tout dans l'univers. L'amour est le fondement, la beauté et l'accomplissement de la vie. Si nous plongeons assez profondément dans notre propre conscience, nous découvrirons que c'est le fil unique de l'amour universel qui relie tous les êtres. Cette prise de conscience mettra fin à toutes les tensions et seule la paix, une paix durable, règnera.

Puisse la lumière de l'amour et de la paix briller dans notre cœur. Puissions-nous tous devenir des messagers de la paix universelle, illuminant le cœur de chacun. Que la gloire de la paix se répande partout, dispersant les ténèbres de la haine et du conflit qui obscurcissent le monde d'aujourd'hui. Éveillons-nous à des lendemains nouveaux, emplis d'amour et de fraternité. N'est-ce pas le but et le rêve des Nations Unies ? Puisse la Puissance suprême (*le Paramatman*) répandre Sa grâce sur nous et nous rendre capables d'exaucer cette noble prière.